F 4425. poet
C.1

25974

DISCOURS
DE
M. DE LA CHALOTOIS,

Procureur-Général du Parlement de Rennes, prononcé, les Chambres assemblées, pour l'enregistrement de l'Edit du Roi, concernant la liberté de la sortie & de l'entrée des grains dans le Royaume.

MESSIEURS,

J'ai l'honneur de vous annoncer le bienfait le plus signalé, dont Sa Majesté pût gratifier ses Peuples ; la liberté du commerce des Grains.

Après en avoir permis la libre circulation dans l'intérieur du Royaume par sa Déclaration du 25 Mai 1673, le Roi accorde par cet Edit, que j'apporte à la Cour, la liberté entière de la sortie & de l'entrée. Il permet à tous ses Sujets de faire Commerce de toutes espèces de Grains, Légumes, Farines, &c. soit avec les Régnicoles, soit avec les Etrangers.

C'est vous annoncer, MESSIEURS, l'aug-

A

mentation & l'amélioration de l'Agriculture, qui sera infailliblement la source du rétablissement & de la prospérité du Royaume.

Enfin, graces à Sa Majesté, & au Ministre qui régit ses Finances, le Systême des Prohibitions paroît abandonné sans retour; Systême fatal qui défendoit aux Sujets d'un même Souverain de se prêter de mutuels secours, & qui interdisoit entre la France & les autres Nations, cette communication dans les échanges du superflu avec le nécessaire, qui est si conforme à l'ordre de la Divine Providence. Les permissions particulières, cette ressource inutile qui enrichissoit quelques particuliers aux dépens de la Nation, ne décourageront plus le Cultivateur : Nous ne craindrons plus les disettes, ni, ce qui étoit presque aussi redoutable, la trop grande abondance des récoltes : Nous ne craindrons plus sur-tout, les variations excessives du prix des Grains, aussi nuisibles que la chereté même : Enfin nous pouvons espérer un plan d'impositions, équitable, fondé sur les vrais & uniques principes, la culture des terres & l'augmentation des richesses de l'Etat.

Je ne m'arrêterai point, MESSIEURS, à prouver des vérités trop connues présentement, & portées au plus haut dégré de Démonstration par tant de solides ouvrages, qui sont le fruit des lumières de Citoyens zélés & éclairés.

Qui ne sçait que la terre seule donne les richesses, parce qu'elle seule produit & reproduit annuellement de nouvelles valeurs ? Que la vente des denrées est l'unique moyen de faire circuler l'argent, qui n'est que la représentation de richesses plus réelles, les fruits de la terre : Qu'un Etat riche en productions qu'il peut vendre, sera nécessairement riche en argent ? Mais soit que ses denrées manquent, ou qu'elles ne se vendent pas, il éprouve infailliblement le défaut de circulation des espèces, & tombe dans un engourdissement, qui par ces effets équivaut à la pauvreté. Il est donc certain que la plus utile de toutes les Loix Politiques, est celle qui donne la plus grande facilité à la vente des Productions de la terre : Les consommations, l'impôt, le commerce même de la Nation, tout prend sa source dans la vente des denrées : On ne peut donc trop étendre cette source, ni trop craindre de la resserrer : Si elle tarissoit, les maux de l'Etat seroient irrémédiables & sans bornes.

Je me réduirai, MESSIEURS, à quelques légères observations sur la nécessité de l'exportation de la principale denrée (du Bled) : Elles pourroient paroître superflues, puisque Sa Mafesté en a établi la vérité dans un Edit perpétuel & irrévocable : Edit conforme au vœu de la Nation qui l'a provoqué, à celui des Etats de la Province *, à l'Expérience, qui est la maîtresse des hommes, au sentiment de Henri le Grand & de l'Illustre Sully, à l'avis de tous ceux qui ont examiné cette question sans prévention & sans intérêt : Examen dont personne jusqu'ici n'a osé contredire à la face du Public ni les raisons, ni les faits, ni les calculs. Mais il s'agit de rassurer les timides, d'éclairer ceux qui ne sont pas encore assez instruits, de donner de la confiance aux Peuples. On ne doit donc pas craindre d'établir des maximes qui assurent le bien de l'Etat.

Est-il besoin de longs raisonnemens pour prouver que défendre la vente des Bleds, c'est en défendre la culture, que cette prohibition a fait de la profession du Laboureur, quoique la plus nécessaire, la plus malheureuse des professions de l'Etat ; que la liberté du commerce des Grains au-dedans & au-dehors du Royaume, est le seul & unique moyen de mettre le Laboureur & le Propriétaire en état de subvenir aux charges publiques & particulières.

---

* Délibérations des 17 Février 1759, 15 Septembre 1760 & 7 Septembre 1761.

Ne craignons point d'entrer dans des détails : L'expérience est la base de tout ce qui est Physique ; le calcul en est la mesure. On ne parvient à des maximes générales que par la connoissance des faits particuliers.

Les dépenses nécessaires d'une Culture quelconque, sont la semence, les labours, les engrais, les frais pour moissonner, pour serrer & pour conserver les récoltes. Il faut que le Cultivateur retire l'intérêt de ses premières avances, de quoi subsister & faire subsister sa famille, payer le Décimateur, les Impositions & le Propriétaire, dont la dépense assure la rétribution aux autres Classes de l'Etat, qui n'étant composées ni de Propriétaires ni de Cultivateurs, vivent aux dépens de ceux qui le sont.

La terre ne rapporte pas tous les ans le grain le plus précieux. Il faut des années de repos ; il faut compenser les bonnes & les mauvaises années, & mettre en ligne de compte les accidens imprévus, parce qu'ils sont immanquables.

Or en calculant ces dépenses au moindre taux possible, il est certain que le septier de froment vaut à peine au Laboureur ce qu'il a coûté. D'habiles Agriculteurs ont fait ce calcul, & on invite tous les Propriétaires à le faire eux-mêmes : c'est une Opération du ressort de tous les hommes &

qui intéresse toutes les professions. Le produit net de la culture des terres est l'unique source de la prospérité d'un Etat agricole : Connoître exactement ce que peut rapporter un arpent de terre bien cultivé en différentes espèces de denrées, suivant les différens terreins, est le Problême fondamental de l'Agriculture, du Commerce & de la Finance.

Si le Laboureur ne retire pas ses frais & de quoi satisfaire à toutes les charges, les Terres resteront incultes, comme il y en a plus de la moitié dans cette Province ; le Propriétaire languissant, sera forcé d'essuyer des pertes & des banqueroutes : le Laboureur ruiné, mal vêtu, mal nourri, vendra ses petites possessions ; il embrassera, avec une famille indigente, le parti trop commun & qui fait honte à la Nation, celui de Mendiant. L'Etat même sera en souffrance : les Impositions ne seront perçues qu'avec des peines extrêmes & avec la plus grande rigueur ; & il faut convenir que c'est-là l'état du Royaume depuis plus d'un siècle. Dans toutes les Provinces la terre porte en une infinité d'endroits l'impression & les vestiges d'une culture abandonnée ; des maisons découvertes annoncent la désertion & la dépopulation : les Villes & la Capitale même sont peuplées de Pauvres, tandis que ceux qui ont causé la ruine de tant de Familles, & qui se sont enrichis de leurs dépouilles, font parade d'un luxe qui insulte à la misère publique.

Il est encore un autre principe qui prouve manifestement le trop bas prix des Bleds, & l'état malheureux du Cultivateur.

Le prix du Beld doit être proportionné à la valeur de toutes les Marchandises & de tous les Ouvrages, qui, abstraction faite de la matière, doivent coûter plus ou moins, suivant le plus ou le moins de journées de l'ouvrier.

Il n'est pas douteux que depuis environ un siècle les ouvrages & les marchandises, ont haussé considérablement de prix. Il n'y a personne qui depuis cinquante ans ne l'ait éprouvé.

Le prix du Bled, qui est la mesure de tout, auroit donc dû hausser à proportion ; cependant, non-seulement il n'a pas augmenté, mais c'est un fait certain qu'il a diminué considérablement ; & qu'il falloit il y a un siècle un poids d'argent plus fort pour payer le Septier qu'il n'en faut présentement.

En 1649, le Substitut de M. le Procureur Général au Châtelet, disoit à la Police dans son Requisitoire du 6 Mars, comme une vérité connue, que le froment étoit à 15 liv. le septier, *prix médiocre* (ce font ces termes.) Or ce même feptier a été cette année 1764, dans Paris, à 14 l. & 14 liv. 10 f. Il a moins valu dans les cantons voifins & néceffairement dans les campagnes.

On voit par les appréciations faites à Paris, qu'il valut 18 liv. 18 f. en 1649, 26 l. 10 f. 5 d. en 1650, 25 l. 13 f. en 1651, & 24 l. 18 f. en 1652.

Donc le prix du Bled a beaucoup diminué depuis 1649 il y a cent quinze ans; & on ne peut nier que les autres ouvrages & marchandifes, les gages, &c. n'ayent confidérablement augmenté.

Que penfer, MESSIEURS, d'une fi grande différence, quand on fait attention que le Marc d'argent étoit en 1649 à 28 liv. 13 f. 8 d. c'eft-à-dire, à prefque moitié moins qu'il n'eft aujourd'hui (depuis 1726) à 54 liv. 6 fols?

L'évaluation du feptier de Bled, monnoye actuelle, fut pendant ces cinq années, prix commun, à 42 liv. 2 f. Ces prix font calculés dans l'Effai des Monnoyes & dans le Livre de la Police des Grains. Doit-on être étonné, après ces exemples, que Sa Majefté ait fixé le terme de l'Exportation à 30 liv. le feptier pefant 240 liv.?

C'eft donc une vérité Démontrée, que le Bled eft à un prix trop bas proportionnellement aux avances, aux frais & aux dépenfes du Cultivateur ; proportionnellement aux autres ouvrages & marchandises ; & par conséquent aux charges publiques & particulières, dont le fardeau s'est nécessairement appesanti.

Mais pour que le Cultivateur retire ses frais & ses dépenses, qu'il puisse subvenir à toutes les charges, il ne suffit pas même que le Bled ait une certaine valeur, il faut que cette valeur soit constante, le moins sujette qu'il soit possible aux variations : s'il n'a pas la sûreté de vendre & de vendre tous les ans à un prix avantageux, cette incertitude lui ôte toute sécurité ; il perd le courage de cultiver.

Or, cela étoit impossible dans le système des Prohibitions, dans le système des Permissions passagères ou particulières, souvent accordées au crédit, à l'importunité, presque jamais exemptes des soupçons.

Un Etat dont l'Agriculture est soumise aux Loix Prohibitives, ne peut jamais cultiver que pour ses besoins ; il ne peut faire de Compensations entre les bonnes & les mauvaises années ; car un pareil Etat est pauvre quand il a trop de grains : & il est pauvre quand il en manque : La surabondance produit l'engorgement & le défaut produit la disette ; l'une amène le vil prix & l'autre une chereté excessive.

Ces variations, l'Alternative de la liberté & des prohibitions, laissoient le Laboureur dans la crainte, & ne pouvoient manquer de le jetter dans le découragement, parce qu'il étoit obligé de vendre à quelque prix que ce fût, pour satisfaire aux avances annuelles : il n'y a que l'ouverture permanente des Ports & la libre exportation des Grains qui pussent remédier à ces inconvéniens. Dans les tems de Surabondance, la Liberté soutiendra la Culture, parce que la certitude de vendre dans l'intérieur ou chez l'étranger, consolera le Propriétaire & le Fermier de voir leurs richesses oisives dans leurs magasins. Cette confiance les rassurera dans les années de stérilité contre les terreurs de la disette, qui causent souvent la disette même. Le Désavantage des Achats dans les mauvaises années sera réparé dans les bonnes par des ventes avantageuses. Le pauvre se trouvera soulagé par les consommations abondantes du riche & par la circulation. Il ne peut vivre, si le riche ne lui fournit pas des moyens de subsistance ; & celui-ci ne peut lui en fournir s'il ne retire pas de la terre de quoi payer les rétributions & les salaires, qui sont le prix du travail.

Mais ce qui doit rassurer entierement contre la disette, c'est l'uniformité constante du prix des

Grains, que l'Exportation aménera nécessairement. Le but principal d'une Exportation libre n'est pas tant de vendre, que de soutenir la denrée au meilleur prix possible, de recouvrer cet Equilibre qui s'entretient de lui-même dans le commerce de toutes les autres denrées.

Le prix commun des bleds dans l'Europe varie peu. On sçait qu'il n'est jamais au-dessous de 18 liv. le septier (c'est 24 liv. la charge de Rennes) & qu'il ne monte guères au-dessus de 22 liv. dont le prix moyen est de 20 livres.

Depuis un siécle la France ne participoit plus au prix du marché commun de l'Europe qui est le plus haut prix possible ; & c'est un fait notoire que la valeur des grains en France a presque toujours été depuis les Prohibitions, inférieure au prix du marché général. Par quelle fatalité nous obstinerions-nous en tenant nos denrées au-dessous du prix courant entre les nations, à perdre continuellement dans tous nos achats & dans toutes nos ventes chez l'Etranger. Nous en avons fait en 1748, 1749 & 1750 la triste expérience. Depuis les malheureuses défenses d'exporter, nos Voisins avoient encouragé & payé la sortie des grains. Ils ont cultivé avec émulation ; leurs campagnes ont été couvertes de Moissons ; & dans ces années de disette, nous, qui auparavant leur vendions des bleds, nous avons été forcés de leur payer le tribut de l'Encouragement qu'ils donnent à leurs concitoyens. Dans ces trois années les Anglois ont reçu de la France dix millions 465 mille livres.

Il s'ensuivoit de cette mauvaise Administration, premièrement que la France n'osoit cultiver au-delà de ses besoins, & que ne pouvant jamais s'élever au-delà du simple nécessaire, elle devoit infailliblement rester souvent au-dessous; & conséquemment demeurer exposée à tous les accidens des mauvaises années & des disettes.

Secondement, qu'elle ne pouvoit jamais faire de ses bleds un objet de commerce.

Troisièmement, qu'elle perdoit ordinairement, quoiqu'elle pût souvent gagner.

Enfin, que son Agriculture devoit toujours aller en dépérissant, tandis que celle de ses voisins devenoit de jour en jour plus florissante.

La France bien cultivée ne peut jamais redouter la supériorité des autres Nations en aucun genre; & elle seroit trop heureuse si par des Réglemens Prohibitifs elle n'eût pas fermée elle-même la porte au travail & à l'industrie de ses habitans. Le tems viendra peut-être où chaque Nation réduite aux exportations de son crû, ne vaudra qu'en raison de l'étendue, de la fertilité de son sol & de sa situation : La France à tous ces égards a les plus grands avantages ; elle porte du bled à l'équivalent des pays les plus fertiles ; souvent elle en porte pour une année & demie, quelquefois pour deux ans ; & elle craint toujours d'en manquer. Il est inconséquent de craindre que dans des années de disette, c'est-à-dire de chereté, on fasse sortir le bled pour le vendre dans des lieux où il seroit abondant & à meilleur marché : la crainte ne seroit fondée que dans le cas où la disette affligeroit l'Europe entière. La facilité d'un commerce libre est le reméde pour la disette comme pour la trop grande abondance des denrées ; elles se portent le plus naturellement où elles sont le plus demandées.

La liberté de l'Exportation va lever les barrieres qu'avoit posées une gêne qui attaque les fondemens de la société. Il ne sera plus défendu aux Citoyens de jouir du fruit de leurs travaux. Le bled ne sera plus une marchandise prohibée ou de contrebande. Nous pouvons nous livrer à l'espérance flateuse de voir renaître l'abondance, & par une suite nécessaire, un Commerce florissant qui suit toujours l'abondance des denrées.

Faut-il en dire davantage, MESSIEURS, pour

établir la confiance & la tranquillité. Quand on a des principes certains, on ne doit jamais craindre d'en tirer des conséquences justes.

Des objets d'une aussi grande étendue qui tendent à augmenter les revenus du Roi & de la Nation, ne se réduisent pas, comme on voit, à la fourniture du pain dans les marchés. Cette fourniture, quoiqu'essentielle, n'est qu'une branche de l'Economie Nationnale dont le commerce des bleds est l'agent & le moteur général, parce qu'il imprime le mouvement à l'achat & à la vente de tout le reste; cependant comme c'est un des points les plus importans de la Législation & celui qui fait le plus d'impression sur l'esprit des peuples, il est juste de les rassurer à cet égard & de prévenir les terreurs.

Il doit y avoir une Proportion constante entre le prix du bled & celui du pain. Il y a plusieurs Villes de la Province où il n'y en a point, du moins où elle n'est ni assez connue, ni exactement observée. Dans quelques-unes le prix du bled est d'un sol & de quinze deniers la livre: & le prix du pain est de 2 ou 3 ou de 4 sols: Prix exorbitant qui provient de l'ignorance ou du Monopole des Boulangers. S'il y avoit une bonne administration de Police, il ne seroit pas impossible que le prix du bled haussât dans le Royaume & que le prix du pain diminuât ; Bénéfice immense pour les peuples dont le profit presqu'entier seroit en faveur du Cultivateur. Il manque un tarif public qui exprime, qu'elle doit être la valeur du pain relativement à celle du septier de bled.

Il y a déja du tems, MESSIEURS, que je me suis occupé de cet objet ; & j'espere vous mettre bientôt sous les yeux des Procès-verbaux faits avec la plus grande exactitude à l'Hôpital général de Paris & à Valenciennes, & une instruction pour les Boulangers fondée sur des expériences assurées. Je vous proposerai un tarif en conséquence de ces utiles opérations.

Il me reste à vous parler des restrictions apposées par l'Edit à la libre exportation.

Nous eussions souhaité que la liberté fût entiere & indéfinie dans tous les Ports, qu'il n'y eût aucune limitation qui restreignît cette liberté ; que l'exportation fût exempte de tous droits, parce que la liberté seule peut étendre & soutenir le commerce des denrées & favoriser la consommation ; parce que la moindre gêne en arrête le cours ; parce que les plus petits droits sur les ventes ou sur les achats (car cela est égal) sont un impôt qui en fait tarir la source ; parce qu'enfin l'augmentation des frais de transport fait perdre à la Nation des revenus considérables & détruit nécessairement sa concurrence avec les autres Nations.

Cependant je n'ai garde de considérer ces Restrictions ni même les droits contenus dans l'Edit, comme des dispositions fiscales ; il porte trop de marque de la bienfaisance du Roi & de son amour pour ses Peuples. Convaincu de la vérité des principes qui y sont établis avec tant de force & de noblesse, il a déféré à des craintes populaires qui, bien que peu fondées, sont naturelles à l'indigence. Il a pensé peut-être que des préjugés enracinés par une longue habitude, devoient plutôt être détruits par l'expérience que par l'autorité.

C'est donc entrer dans ces vues que de lui faire à cet égard des Représentations qui sont du bien de l'Etat.

Pour ne laisser aucune inquiétude à ceux qui ne sentiroient pas assez les avantages que doit procurer la liberté du Commerce, Sa Majesté a jugé à propos de fixer un prix au-delà duquel toute exportation hors du Royaume seroit interdite. Il est porté à la somme de 12 liv. 10 sols le quintal par l'Art. VI de l'Edit ; & il est ordonné que lorsque ce prix se sera soutenu dans le même lieu pendant trois jours de marchés consécutifs, la liberté sera suspendue de plein droit dans ce lieu, & que pour la rétablir on sera tenu de s'adresser au Ministre des Finances. Il n'y a aucun inconvénient à la fixation de 12 liv. 10 sols, comme on a vu par le prix des grains du marché commun de l'Europe: mais n'est-il pas à craindre que par des manœuvres particulieres, quelques personnes avides ne surhaussent pendant quelques jours le prix des grains, afin de faire fermer un Port, & de profiter de l'avilissement du prix qui suivroit nécessairement la prohibition. Il paroîtroit donc juste, pour empêcher le monopole, que la sortie étant interdite de plein droit lorsque le prix se sera soutenu à 30 liv. le septier, ou, ce qui est la même chose à 12 liv. 10 s. le quintal pendant trois marchés consécutifs, elle fut aussi rétablie de plein droit lorsque pendant trois marchés, le prix du septier seroit au-dessous.

Je conviens qu'en bornant le nombre des Ports on a envisagé l'avantage d'avoir des Etats réguliers de l'Importation & de l'Exportation. Mais on me permettra de remarquer d'un autre côté que cette fixation met des bornes aux bonnes intentions de Sa Majesté, & qu'elle est même contraire à l'esprit de l'Edit; car les principes qui y sont établis sont vrais par-tout, ou ils ne le sont nulle part. Fixer un certain nombre de Ports c'eſt favoriſer une petite portion des Sujets aux dépens de l'autre, & préjudicier à la plus grande partie. Il paroîtroit plus naturel que l'exportation fut permiſe indiſtinctement par tous les Ports, du moins par tous ceux où il ſe trouve des Commis en état de tenir des Regiſtres des entrées & des ſorties.

On peut aſſurer d'ailleurs que le nombre de vingt-ſept Ports pour toute la France eſt trop peu conſidérable, que ſix Ports pour la Bretagne ne ſont pas ſuffiſans : l'Art. IV en a fixé huit pour la Normandie, dont les côtes ne ſont pas ſi étendues.

Depuis Saint-Malo juſqu'à Morlaix il y a 40 ou 45 lieues de côtes ſans déſignation de Ports : elles comprennent les Evêchés de Saint-Malo, de Saint Brieux & de Treguier : contrées auſſi abondantes en bled qu'aucune autre de la Province. On y trouve les Ports de Leguay ou de Saint Brieux, de Binix, de Pontrieux, de Treguier & de Lannion. De Morlaix à Breſt 18 ou 20 lieues de côtes où il n'y a aucun Port marqué. De Breſt au Port-Louis 25 ou 30 lieues de côtes, où l'on auroit pu déſigner Audierne, Quimper, Pont-Labbé, Pont-d'Avoine, Concarneau, &c. d'où il ſe tire beaucoup de grains. De même Hennebond & Auray entre le Port-Louis & Vannes. Le Croisic, Redon, &c. entre Vannes & Nantes. Tous ces lieux sont fertiles en bleds; & si l'on n'a pour objet que d'avoir des déclarations, il y a dans tous ses Ports, même les plus petits, des Commis aux Ports & Havres, des Commis aux Devoirs ou des Contrôleurs qui pourroient recevoir les déclarations & les droits; tenir Registre des importations & des exportations.

Si l'on dit que de ces Ports les Commerçans pourront transporter dans ceux qui sont indiquées; outre que c'est une augmentation considérable de frais, des risques pour les Bâtimens & nécessairement une diminution du prix des denrées; ce sera un sujet de chicanes & d'incidens de la part des Commis, sur la quantité & la qualité des grains, des graines, &c. pour les Acquits à Caution, & conséquemment des embarras dans le Commerce.

Faudra-t-il par exemple de Paimbœuf qui est à l'entrée de la Loire, remonter cette rivière jusqu'à Nantes pour faire sa déclaration? ou le Commis de Nantes se contentera-t-il de celle qui auroit été faite à Paimbœuf.

J'ajoute que la liberté de sortir par tous les Ports favoriseroit la Navigation Françoise, qui paroît être un des objets que Sa Majesté s'est proposé; car il en résulteroit une augmentation de Navigation de terre à terre & de Port à Port. On sçait que le Cabotage est l'Ecole & la Pépiniere des Matelots.

Il est vrai qu'afin de favoriser cette navigation l'Edit assure aux vaisseaux & aux équipages François exclusivement à tous autres le transport des grains : mais pour profiter de cette faculté nous n'avons peut-être ni assez de Bâtimens ni assez de Matelots. Personne n'ignore que le prix du fret est plus considérable en France que chez plusieurs Nations. On croit donc qu'il seroit à propos de demander à Sa Majesté la permission de se servir de tous vaisseaux indistinctement au moins pendant deux ou trois ans.

Quant aux droits établis par l'article 7, quoiqu'ils n'ayent pour objet que d'instruire exactement de la quantité du bled qui entreroit dans le Royaume & de celle qui en sortiroit, la différence d'un pour cent du droit d'entrée sur le froment, & de trois pour cent des seigles & autres menus grains peut paroître extraordinaire, en ce que dans les années de disette qui seroient les seules où les entrées auroient lieu, cette différence tourneroit au désavantage des pauvres qui la plûpart ne vivent que de seigle. Enfin l'émolument qui peut provenir de tous ces droits est si peu considérable pour les Finances de Sa Majesté, & le dommage qui en résulte pour ses sujets est si grand, par les diminutions immenses sur la totalité du prix des grains du Royaume, qu'on est persuadé que Sa Majesté voudra bien les supprimer ; en tout cas les modérer, & ordonner qu'ils ne pourront jamais être augmentés sous quelque prétexte que ce soit.

J'ai cru, MESSIEURS, ces Représentations nécessaires : Elles n'ont pour but que de remplir les vues de Sa Majesté ; & elles ne tendent qu'à favoriser notre Concurrence avec les autres Nations dans le commerce des bleds ; mais nous ne devons pas nous flatter de l'obtenir sitôt, tandis que les droits, quoique modiques, les entraves que nous attachons au commerce, la culture peu abondante, feront naître le Découragement, & que nos voisins donneront des Encouragemens pour exporter.

Je requiers pour le Roi, que l'Edit de S. M. concernant la liberté de la sortie & de l'entrée des grains dans le Royaume donné à Compiégne au mois de Juillet 1764, soit enregistré pour avoir son effet suivant la volonté du Roi, que copies collationnées d'icelui soient envoyées dans toutes les Sénéchaussées Royales & Siéges Royaux de ce Ressort, pour, à la diligence de mes Substituts auxdits Siéges, y être pareillement, publié & enregistré, & du devoir qu'ils en auront fait, en certifier la Cour dans le mois.

Je requiers au surplus qu'il soit fait à S. M. de très-humbles supplications sur les objets contenus en mon Réquisitoire.

Fait au Parquet ce 20 Août 1764.

Signé, DE CARADEUC DE LA CALOTOIS.

EXTRAIT DES REGISTRES DE PARLEMENT.

Lu, publié, à l'Audience publique de la Cour, & enregistré au Greffe d'icelle : oui, & ce le requérant le Procureur Général du Roi, pour être exécuté selon sa forme & teneur.

Et sera très-humblement supplié le Seigneur Roi d'ordonner la suppression de tous droits sur les bleds, grains, farines & légumes, tant au-dedans qu'à l'entrée & sortie du Royaume, ou au moins de vouloir bien modérer lesdits droits sur toute espèce de bled à un demi pour cent, & d'ordonner qu'ils ne puissent jamais être augmentés sous quelque prétexte que ce puisse être.

Sera ledit Seigneur Roi supplié de permettre la sortie des bleds hors le Royaume par tous les Ports & Havres de cette Province, dans lesquels il y a des Bureaux établis pour recevoir les droits des Fermes & autres droits Royaux.

Sera en outre ledit Seigneur Roi très-humblement supplié d'ordonner que lors que le prix des bleds sera tombé pendant le cours de trois marchés au-dessous de 12 liv. 10 s. le quintal, l'exportation sera libre de droit.

Et sera encore très-humblement supplié ledit Seigneur Roi de permettre à ses Sujets de se servir pour l'exportation des Bleds, de tous Vaisseaux, soit nationaux ou Etrangers, suivant que les circonstances l'exigeront pour le bien du commerce.

Ordonne ladite Cour que copies dudit Edit seront, à la diligence dudit Procureur Général du Roi, envoyées dans tous les Siéges Présidiaux & Royaux du ressort, pour, à la diligence de ses Substituts auxdits Siéges, y être pareillement lues, publiées & regiſtrées, & du devoir qu'ils en auront fait, tenus d'en certifier la Cour dans le mois. Fait en Parlement à Rennes, Chambres assemblées, le 22 Août 1764. Signé, L. C. PICQUET.

Sur l'Imprimé. A Rennes, chez VATAR, Imprimeur du Roi & du Parlement.

Contraste insuffisant

NF Z 43-120-14